Dieses Buch gehört

Liebe Eltern,

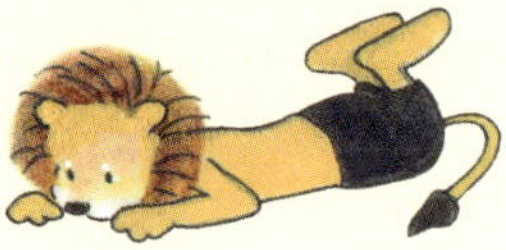

wir wollen Ihr Kind beim Lesenlernen unterstützen, und zwar mit Geschichten, die Spaß machen.

Unsere Bücher mit dem liebenswerten Leselöwen begleiten Ihr Kind durch die 1. Klasse und enthalten eine spannende Geschichte mit einfachen Sätzen. Viele bunte Bilder sorgen für Lesepausen und helfen, die Geschichte zu verstehen. Die große, gut lesbare Schrift wurde extra für Leseanfänger*innen entwickelt und ist auch für Legastheniker*innen geeignet. Mit den Aufgaben zum Text kann Ihr Kind selbst prüfen, ob es den Text richtig verstanden hat. Zu den markierten Wörtern warten am Ende des Buches spannende Fakten und in unserem Onlineportal finden Sie viele weitere Extras!

So wird Ihr Kind zum echten Leselöwen!

Ihr

Leselaöwe

Leselöwen

Henriette Wich

Das Meermädchen und der versunkene Schatz

Illustriert von Carola Sturm

Loewe

Ihre Meinung zählt!

Nehmen Sie jetzt an einer kurzen Elternbefragung des Loewe Verlags teil und beeinflussen Sie die zukünftige Entwicklung unserer Kinderbücher:

www.elternbefragung.online

Unser Kinderbuch-Newsletter bietet alle Infos zu Neuerscheinungen und tollen Veranstaltungen, exklusive Gewinnspiele und vieles mehr!

Jetzt kostenlos abonnieren: *www.loewe-verlag.de*

FSC
www.fsc.org
MIX
Papier aus verantwortungsvollen Quellen
FSC® C109273

Klimaneutral
Druckprodukt
ClimatePartner.com/18521-2202-1001

ISBN 978-3-7432-1195-7
1. Auflage 2022

Umschlag- und Innenillustrationen: Carola Sturm
Umschlaggestaltung: Michael Dietrich
Vignetten Leselöwe und Sticker: Angelika Stubner
Printed in the EU

www.leseloewen.de

Inhalt

Wo sind wir hier?

Meermädchen Mila freut sich
aufs Frühstück.
Mama und Papa haben den Tisch
schön gedeckt.

„Da fehlt noch was!“, ruft Mila.

Sie macht die Augen zu,

atmet tief ein und singt.

Wunderschöne Seerosen blühen
im Wasser auf.

Die Seerosen schweben
auf den Tisch.
Mama und Papa klatschen.

Mila ist stolz auf ihre Gabe.
Sie kann mit ihrem Gesang
Seerosen herzaubern
und Feinde vertreiben.

Da klopft es ans Fenster.

Die Seepferdchen Lilli und Billy

und Feuerfisch Fred winken.

Mila schwimmt zu ihren Freunden.

Zu viert spielen sie Fangen.

Sie schwimmen immer weiter weg.

Auf einmal fragt Fred:

„Äh … Wo sind wir hier?“

Seepferdchen Billy zischt:

„Passt auf, ein **Hai**!“

Mila erschrickt.

Der Hai schwimmt auf sie zu!

Mila hat große Angst.
Sie singt laut und schrill.
Sofort verschwindet der Hai.

„Danke, Mila!“,
sagen Lilli, Billy und Fred.
Schnell schwimmen sie weiter.
Dann taucht Lilli tiefer.

Piraten ahoi!

„Seht nur!“,
ruft Lilli aufgeregt.
Auf dem Grund des Meeres
liegt ein **Piratenschiff**.

Die anderen schwimmen zu Lilli.
Das Schiff ist sehr alt
und voller Moos und Algen.
Mila entdeckt eine Luke.

„Los, kommt!“, sagt Mila
und schwimmt hinein.
Im Schiff ist es voll spannend.

Lilli und Billy tanzen
auf einem alten Kochtopf.
Fred schaukelt
auf einem Seil.

Mila entdeckt eine Truhe.
Ein Piraten-**Schatz**!
Aber um die Truhe ist
ein dickes Tau gewickelt.

„Lasst mich mal ran“,
sagt Fred.
Er sprüht Gift
aus seiner Rückenflosse.
Das Tau reißt.

Wer rettet Mila?

Zu viert heben sie
den Deckel an.
Wie das glitzert und funkelt!
Die Truhe ist voller Gold.

Lilli und Billy werfen Fred
goldene Piraten-Taler zu.
Und was ist das da unten?
Eine Kette aus weißen **Perlen**!

„Ist die schön!“, ruft Mila
und greift nach der Kette.
Rumms! Plötzlich kracht
ein Balken von der Decke.

Mila wirft sich
über ihre Freunde.
Schlamm wirbelt auf.
Mila verliert die Kette.

„Du hast uns
schon wieder gerettet!“,
freut sich Fred. „Danke, Mila.“

Lilli und Billy wollen
so schnell wie möglich raus.
Fred auch.
„Ich komme gleich“, sagt Mila.

Wo ist nur

die schöne Kette?

Ach da, neben dem **Anker**!

Plötzlich fällt die Luke zu.
Mila singt laut und schrill.
Aber die Luke geht nicht auf.
„Hilfe!“, ruft Mila.

Wir schaffen das!

Das Meermädchen verliert den Mut.

Sie ist eingesperrt.

Sie kommt nicht mehr raus!

Ihre Freunde rufen laut:

„Halte durch!“

Sie versuchen,

die Luke aufzustemmen.

Verflixt, ist die Luke schwer!

Sie geht nur

einen winzigen Spalt auf.

„Ich weiß was!“, schreit Mila.
Sie klemmt ein Stück Holz
in den Spalt.
Ihre Freunde geben alles.

Juhuuu! Mila ist frei.
Sie umarmt
Lilli und Billy und Fred.
Nun haben die drei sie gerettet!

Jetzt schnell nach Hause!

Mama und Papa haben

sich schon Sorgen gemacht.

Mila ist traurig, weil sie
die tolle Kette verloren hat.
Zu Hause sieht sie die Seerosen
und macht daraus eine neue Kette.

Lilli, Billy und Fred rufen:
„Du bist wunderschön!“
Mila lacht. Ihre Freunde sind
ihr größter Schatz.

Fragen und Antworten

1. **Was kann Mila mit ihrem Gesang herbeizaubern? Bringe die Buchstaben in die richtige Reihenfolge.**

N E E S E R O S

Antwort: Seerosen

2. **Wen vertreibt Mila mit ihrem schrillen Gesang? Kreise ein.**

Antwort: Hai

3. Was finden die Freunde auf dem Grund des Meeres? Trage die fehlenden Buchstaben ein.

__ __RATENS__ __IFF

Antwort: Piratenschiff

4. Was verliert Mila im Piratenschiff? Kreise das richtige Wort ein.

O H R R I N G A R M R E I F K E T T E D I A D E M

Antwort: Kette

5. Findest du die Namen von Mila und ihren Freunden im Buchstabengitter?

A	L	I	S	F
M	I	L	A	R
I	L	I	N	E
S	L	U	K	D
B	I	L	L	Y

Antwort: Mila, Fred, Lilli, Billy

Schon gewusst?

Hai (Seite 15):

Haie erkennt man gut an ihrer Rückenflosse. Es gibt mehr als 500 Haiarten. Die kleinsten Haie sind nur 16 Zentimeter lang, die größten Haie können 14 Meter lang werden.

Piratenschiff (Seite 18):

Piraten sind Seeräuber, die auf dem Meer andere Schiffe überfallen. Dabei kann auch das eigene Schiff untergehen – dann sinkt es auf den Meeresboden und verfällt langsam: ein Wrack.

Schatz (Seite 22):

Als Schatz bezeichnet man eine Sammlung von Kostbarkeiten – also zum Beispiel Goldmünzen und Schmuck in einem gesunkenen Piratenschiff. Man verwendet das Wort aber auch für Menschen, die einem besonders kostbar sind.

Perlen (Seite 25):

Perlen sind fast immer rund und schimmern wie Perlmutt. Viele tragen sie als Schmuck, zum Beispiel als Kette oder Ohrring. Perlen wachsen in Muscheln – wie das genau funktioniert, hat man aber noch nicht herausgefunden.

Anker (Seite 30):

Mit dem Anker macht man Boote oder Schiffe auf dem Grund eines Gewässers fest, damit sie nicht abtreiben. Der Anker auf dem Piratenschiff ist ein Gewichtsanker – er hält das Schiff, weil er so schwer ist. Es gibt auch Anker, die sich in den Boden eingraben und dadurch das Schiff halten.

Blättere schnell um und trage die blauen Buchstaben in der richtigen Reihenfolge in die Kästchen ein!

Henriette Wich, 1970 in Landshut geboren, hat zahlreiche Kinder- und Jugendbücher geschrieben, darunter viele Krimis der erfolgreichen Reihe *„Die drei !!!“*. Henriette Wich lebt mit ihrer Familie in München.

Carola Sturm, geboren 1965 in Berlin, war schon als Kind von Bilderbüchern fasziniert und liebte das Malen. Sie studierte Kommunikations-Design mit Schwerpunkt Illustration. Seit 1994 arbeitet sie freiberuflich als Illustratorin und malt am liebsten für Kinder. Ihre schönsten Bild-Ideen hat sie bei langen Hundespaziergängen durch die Natur.

Das Leselöwen-Lösungswort

Besuche den Leselöwen auf **www.leseloewen.de** und trage die farbigen Buchstaben von den Seiten *Schon gewusst?* in der richtigen Reihenfolge in die magische Box ein.

Wenn du das Lösungswort gefunden hast, kommst du auf die geheime Seite mit vielen weiteren Spielen und Rätseln!

Der **Leselöwe** freut sich auf dich!